꽃밥

심상봉 목사(지정환 신부 공동 '임실 치즈마을 설립')
평 : 방패를 들이대는 모든 일상의 삶 가운데 십자가에 나와 예수 그리스도
가 못 박힌 형상(방패 간 + 십자가 위 두 인간) 이젠 더이상 싸우지 않
음을 말한다.
화 : 전쟁 중에 장군들이 이제는 싸워선 안 되겠다는 각오로 창을 꺾어 땅
에 꽂으면서 싸움을 끝내자는 언약을 하는 모습(벼 화+입 구)

문힘시선 037

꽃밥

김종옥 시집

도서출판 **문화의힘**

꽃밥

| 시인의 말 |

글들은 다양한 삶의 은유요 비유다
나의 시들은 삶의 잡문들뿐이다

시인들은 온 세상에 시로써
나무를 심어 숲을 만들며
들판에 곡식 심겨 풍성하게 한다

우리 아부지 어무니 형 누님 아우들
피 묻은 손을 보면 부끄럽다

2025년 가을
김종옥

꽃밥

| 추천의 글 |

시집 『꽃밥』

　김종옥 시인의 세 번째 시집 『꽃밥』은 살림과 평화의 길이다. 고흥반도 선착장의 새벽 어스름을 뚫고 희붐하게 보이는 시들이다. 시국을 보면서 국가폭력에 몸서리치는 역사의 아픔을 함께하는 시인의 모습이 예레미야 애가이다.

　고흥 촌구석에서 구수하게 소리꾼의 시는 서늘 바람처럼 노래이며 진혼곡이다.

　한강이 말한 것 처럼 "당신이 나를 이끌고 가기를 바랍니다. 당신이 나를 밝은 쪽으로, 빛이 비치는 쪽으로, 꽃이 핀 쪽으로 끌고 가기를 바랍니다."

　이제 꽃이 핀 그곳에서 마음껏 '꽃밥' 먹고 한바탕 놀아보는 얼씨구 좋다.

　그런 세상을 만들어가자는 시인의 소탈함 속에 비범을 담아내고 있다.

장헌권(시인)

|차례|

- 추천의 글 ·················· 7

제1부 꽃밥 먹다

꽃밥 먹다·················· 14
길거리 목자·················· 16
치매걸린 할아버지 ·············· 17
선배 시인 ·················· 18
소록도 가는 길 ················ 20
콩순 쳐대며·················· 21
토종 종자 ·················· 22
토종 들깨·················· 23
꿈길 마을 어귀················ 24
울 아부지 ·················· 26
도우미·················· 28
울 엄니 엉치뼈 ················ 29
새벽 눈물·················· 30
엄니 눈·················· 31
천만 개 눈·················· 32

제2부 당신은 가장 어여쁜 꽃숭이어라

당신은 가장 어여쁜 꽃숭이어라······ 36
해오름 맞이················· 38
봄 귀 먹었다················ 40
시절 연인·················· 41
귀먹은 세월················· 42
엄니 손발·················· 43
나 죽거든 바다에 뿌려다오········ 44
관절통···················· 46
상처난 큰 나무··············· 48
겨울나무··················· 50
심장 스탠트················· 51
운암산 기슭················· 52
밥그릇 싸움················· 54
달항아리··················· 56
등대방대··················· 58
지네 털기·················· 60
샘 보조개·················· 62

|차례|

제3부 달맞이꽃

달맞이꽃 ·············· 64
제때 온 봄·············· 65
여름 전쟁 ·············· 66
우두 무지개 다리 ·············· 68
여름 낮잠·············· 70
홀라당 벗은 열음 ·············· 71
갸우뚱 갸우뚱·············· 72
넋두리·············· 73
까만 별 흰 별·············· 74
시인의 밥상 ·············· 76
다문다문 ·············· 78
명탯국 갈치조림 ·············· 80
암 투병 할애비·············· 82
속청-서리태 ·············· 84
서늘한 사랑 ·············· 85
달의 이면·············· 86
유자 밥상 ·············· 87

제4부 겨울 매화산 동백 꽃물 흐른다

겨울 매화산 동백 꽃물 흐른다········ 90
동박새 ································· 91
달 삼킨 고래························· 92
기억의 통점························· 94
시인들 말···························· 95
푸른 돌 여행······················· 96
젊은 해······························ 98
아주까리 기도····················· 99
여수 추석························· 100
불과 씨앗·························· 101
얼음 심장·························· 102
해 심장···························· 104
죽으러 가는 길·················· 105
뻘배 여자·························· 106
호미와 뻘배······················ 107

|차례|

제5부 점심 바구니 떠들어온다

점심 바구니 떠들어온다 …………… 110
종자들 온통 없애라 ……………… 112
고시래 …………………………… 113
허수아비 춤 ……………………… 116
유령 시간 ………………………… 118
유령 살이 ………………………… 120
유령 살이 2 ……………………… 122
유령 인간 ………………………… 123
벙어리 개 ………………………… 124
이민국가 표시제 ………………… 126
관세 폭격 ………………………… 128
오적 나라 ………………………… 130
돈 세상 …………………………… 135
바람 나라 ………………………… 136
다시 부르는 다시래기 …………… 138
신 산도깨비 ……………………… 140
끝끝내 만나리 …………………… 141

제1부

꽃밥 먹다

꽃밥 먹다

배고픔 설움 달래주는 밥꽃
배고픔 멸시 천대 모멸감 설워 서러워
목매단 아낙네의 순정
천년 밥풀 되어 하얗게 낮밤을 밝힌다

다음 생 시집가거들랑
쌀로 밥을 짓지 말고 구름비로 밥 지어
하늘 아래 두둥실 꽃등 타고 살려무나
하얀 꽃밥 고봉으로 담긴 꽃밥 구름 위
온갖 벌 나비 그리던 님과 함께
천 년 만 년 살려무나

고추 따는 남녘 아낙네야
꼬막 캐는 벌교 갯벌 아줌마야
밥풀 일어 술 만들어 먹자
고추 먹고 맴맴 다래 먹고 맴맴
5월이 오면 어김없이 거리 가로수
밥풀나무 흐드러지게 술취한다
하얀 꽃들 맴맴 춤출 때
바다 마을 고흥 보성 들녘

가로수 밥풀 나무 아래에서
사랑노래 밥가 불러다오
밥 밥 밥을 주소 바바밥 바바밥 밥을 주소
밥은 하늘입니다 하늘을 혼자서 못 가지듯
밥도 서로 서로 나누어 먹습니다
아련한 노래 들려온다
여기 밥꽃 피었다

하늘 꽃밥 한 그릇
자알 자시고 가시오

길거리 목자

여름날 정자에 앉아 흥얼흥얼
판소리 한 자락 신명나게 불러본다
민초들 한을 달래본다

어떨 땐 일판 노동판에
어떨 때는 바닷가에
어떤 날은 논과 밭에서
죄인들과 어울려 당당하게
용감하게 낯짝도 드러내고

바람 따라 물 따라 철모르고 산다
마을 주민들과 한 가족으로 살아간다
거룩한 목자는 시답잖다
농부들의 진실 앞에 허울은 쓸모 없다

하느님은 성전 안에만 계시랴
민초 민중들 가운데 팔팔하게 살아 계신다
나 오늘도
길거리 민중들 가운데로 나아가는 이유
여기 있다

치매걸린 할아버지

치매로 할멈만 찾는 할아버지
몸은 여기 혼은 또 저기
몸 따로 맘 따로
사람들 모두 떠난 시골
적막강산이다

여보, 할멈 당신 없이 못 살아
당신 죽으면 나도 죽은 줄로만 안당께
내사 맘대로 똥을 못 가리는데 어쩌노
할아버지는 뒷수발 누가 대신 할까 전전긍긍

불안한 노인네 할멈만 찾는데
할멈은 싫다 싫어
평생 남편 수발만 하다가 세상 뜰 판이다
때론 확 죽고 싶다가도
미운 정도 정이라고
자신만 바라본 할아범 곁으로 또 간다

선배 시인

목사로서 진실 되게 사랑으로 살면 되지
뭐 다른 게 있겠나
너도 그저 시골 어르신들이랑 재밌게
항꾸네 잘 살아라고 한다
이젠 기존 교회들의 감각은 도통
잃어버렸노라 하는 한 소리

일찍 세속 잡사 멀리 떨치고 산 지 오래되었다
너무 멀다 진실한 사람 예수 따라 살라 하는
예수님 진정 믿은 이 없고
우명한 교인들이 몰라서 그랬을까
예수 흔적 가진 선배를 왜 그리 괴롭게만 했을꼬

하늘나라 가면 무엇하고 왔나 하느님께서 물으시면
당연지사 한결같은 대답뿐
진실로 당신 뜻 받들어
온 힘 다 쏟고 살았다 하겠지

가난한 신부처럼 일편단심 정절한 선배 시인
가슴엔 당신 향한 진실과 성실 그뿐

다른 것 담을 줄 모른다
그저 그 분 향한
한없는 사랑과 성실뿐이었다

우두커니 큰 당산나무 앞에 서 있는
나 자신이 더욱 작아 보인다
비뚤비뚤 살아온 내 삶의 발자국
동네를 지켜내지도 못한 부끄러운 내 족적
저들의 작은 그늘 가리진 않았나 싶다

소록도 가는 길

가도 가도 황톳길*
가는 길에 손가락 발가락 하나 툭 떨어져
고이 싸서 묻는다
아리고 쓰리고 알알이 박혀도
내 따라 강 따라 흘러간다

죽음의 바다 건너
사슴 동네로 들어간다
죽어도 스스로
살아도 스스로
홀로 살다 혼자 가야 할 길

길 툭 터질 소리
인골적 젓대소리
만령당 서러운 보리피리
봄만 되면
삘리리 닐리

* 『가도 가도 황톳길』 한하운 시인 시집

콩순 쳐대며

콩순 머리를 쳐대니
옆 순들 치고 나온다
새순에 새 꽃들
조심조심 나온다
콩꽃 상하면 꼬투리 안 맺히느니
보랏빛 꽃 잘 살펴라
붉은 콩잎 시퍼런 속 알맹이
당당하게 땅글땅글
야물게 야물게 여문다
나라 껍닥 쳐내 없어져도
콩꽃 백성들 살아난다
콩 다 익어 뚜드리면
꼬투리 껍질 날아가고 알맹이만 남는다
익어가는 여름 쳐 가을이 오고
겨울 쳐 새봄 받아낸다

토종 종자

여름내 자란 콩
가을철에 수확해
바람 치는 처마에 매달아 둔다
역사도 자연도 쉽게 먹고 쉽게 살아가면
낭패 낭패뿐이라

양심은 없고 돈만 쫓는 몬산토 종자
철갑을 두른 종자들
병해충도 끄떡없다
태생이 불임이라 후손을 볼 수 없는 종자들
콩도 옥수수도 불임
사람도 새도 동물도 불임

아무리 죽여도 죽지 않는 영원불멸
지구 종말 인간 종자 없어져도
다시 살릴 토종 종자들아
꼭꼭 숨어라

토종 들깨

참새들 토종 들깨 맛난 것 잘도 안다
새들도 먹어야제, 무심하니 지켜만 본다
우리 이백 평 텃밭은 온동네 애물단지
새들 천지 곤충들 천국
개구리에 배암들도 자기 세상이다

닭 모이 먹으려 참새들 날아들더니
깨밭 나락 논을 온통 친구들 불러 이웃집 아제 난리다
워이 워이 외쳐대자 교회당 지붕 위로 날아간다

시골 살이 적적하니 새들이라도 날아들자
새들아 너네들 먹을 것 먹고 우리 몇 알 남겨다오
우리도 묵어야 살제
새들이 알아듣고 저 멀리 날아간다
자슥들 나눠줄 기름 몇 병
새들이 주고 갔다

꿈길 마을 어귀

다들 걸어 걸어 내려가는 길을 나는 날아서 내려오다가
너무 미안해 기어코 내려와 종용히 항꾸내 걸었다
어느 동리를 아이들이랑 항꾸내 내려갔다
집들이 폐허가 되었다 내려오는 냇가 윗동네 집안도
수상가옥처럼 텅텅 비었다 그래도 정겹고 너무 좋았다

그러나 한참을 내려왔는데 도시로만 도시로만
가는 나의 몸을 잡기 어려웠다
다들 어데로 가는지 여기 사막에서 저기 도시로
유목인들처럼 어데로 가는지 모르고 간다

나는 항상 도시에선 이방인
언제나 홀로 비가림막도 없는 시골
도시 길을 늘 헤매인다
도시나 시골 마을공동체
마을은 꿈속 마을로 변해가
안타까워하며 꿈을 깬다

꿈속의 마을 정다웁지만
사람들은 없다

아이들이 그나마 오가는 마을
꿈속에서라도 마냥 좋다
뿌리 뽑힌 마을들
승강장에 개 두 마리
늘어지게 낮잠 자고 있다

다들 올라갈 줄만 알지
내려올 줄 모른다

울 아부지

1.
순천 공례 고모 한 분 외엔 가족이 없으셨던 울 아부지
평생토록 머슴처럼 사셨다
목 뒷덜미 혹이 있어 김일성이라는 별명 가지셨던 울 아부지
항상 외톨이셨다
거짓말하면 삼천 지옥에 들어간다
진실하게 살아라 강조하셨다
일만 하는 소
당신 허리는 소등보다 단단했다
논두렁 밭두렁 지게 지고 다니다 보니
두터워진 맨발 시멘트 바닥보다 강해졌다
하늘 아래 가장 용감하며 부끄럼 없이 사셨다
평생 농사일에 최선으로 사신 울 아부지
쟁기질 써레질 온동네 일 손수 나서서
한 집도 빠짐없이 다 하신 동네 상머슴
울 아부지가 없으면 동네일이 안 되었다
맨날 남들만 위하고 집안일은 뒤안이었다
무조건 동네일 우선이었다

2.
처음 시집와 집안일 차고 하신 형수님을 단박에 알아보고
느그 형수 잘 받들어야 쓴다시며 며느리를 최고로 여기셨다
천하에 복이 있으셨던지 형수님은 시집 와 돌아가실 때까지
모진 아부지를 잘 모시고 90세 엄니까지 끝까지 돌보셨다
모든 걸 엄마 아들들 며느리에게 맡기고 형님 형수님 따라
광주 서울에서 사시다 마지막 가시는 길 예수님 손잡고 가
십시오 하자 머슴노릇 잘 하고 간다 하시며 훌쩍…

아부지 불현듯 생각날 때 홀로 논으로 들로 나가보면 아들
아 벼`삭 팰 땐 논에 들어가지 말라 하신 아버지 목소리 나직
이 들린다

도우미

병든 노인들 모시고
요양보호사
병원에 동행한다

전쟁 난리 다 겪으며 꾸역꾸역 살아온 목숨
사는 것도 힘겨워
이젠 죽어도 될 듯한데
빨리 가고 싶어도 보내질 않는다
언제나 약봉지 그만 끝낼까
마음대로 못 한다

내 목숨줄 쥐고 있는 도우미

울 엄니 엉치뼈

엉치뼈 나가 절뚝발이 야곱 같은 울 엄니
휘휘 휘어진 산허리 한 많은 아리랑 엄니
다 닳아지고 녹아 내린 우리 엄니 엉치뼈
허리뼈와 다리뼈가 닿아 삐걱거린다
등허리가 붙어버려 살가죽뿐 피도 보타졌다

우리 엄니 천년 묵은 여우 꼬리뼈 필요 없고
원숭이 나무 탈 꼬리도 필요 없다
어머니 가슴에 대숲 바람 댓잎 차 한 잔
숭얼숭얼 뚫려 구멍구멍 비었다

나 죽거들랑 동백나무 골에 묻어주라 유언 한마디
새 감나무에 순이 날제 모퉁이 감나무 밭에 산소 쓸까
탈골하여 오동나무 밑에다 옮겨 드릴까
엄니는 오로지 고향 땅 남은 모퉁이 밭 칠십 평에
컨테이너 갖다 놓고 종옥이 땅 한 평이라도 만들라신다
자식은 엄니 생각 엄니는 자식 생각뿐

새벽 눈물

용띠에 태어난 우리 딸 단이 눈 속 한없는 눈물 상자
온갖 순수한 영혼들 다 담겼다
하늘 청년 눈물 상자에 고이고이 싸 두었던 눈물 병
하얀 눈보다 빛나고 푸른 하늘보다 푸르른 눈물
바다같이 거뭇케 깊고 맑디맑은 샘물 마를 길 없다

바다 속 거닐 때 몰라도 하늘 눈비 맞으면 안다
땅에 온갖 조롱을 당하면서 짜우둥 찌우뚱 걷다
날개 한 번 펼쳐 하늘 구만리 장천 날아간다
바보 바닷새 작은 플랑크톤 먹어대다
어느 때인가 하늘에서 눈물샘 뚫리면
비바람 뚫고 수만리 날아간다

아버지 어머니 동생 다 환히 웃게 하고
이 세상에 모든 눈물 씻겨주며
아침 햇살로 환히 빛난다

엄니 눈

하늘에서 엄니 날 본다
흙덩이 갓난아기
바다 속에서도 날 본다
난 한 마리 해오라기

나는 엄니 눈을 받았다
한 눈은 하늘을 보고
한 눈은 바다를 보고
가슴속 작은 눈은 나를 본다

울 엄니
바다 속에서 날 보며
반가운 고기들이라 좋아하고
땅에서 날 볼 땐 산과 들에
꽃들로 반겼다

바다 하늘 땅은
울 엄니 눈
항상 날 본다

천만 개 눈

하늘을 나는 새들 지극히 작은 곤충들
눈동자 천 가지 만 가지 감각을 가졌다
감각의 야성 가둘 수 없는 천만 개 눈
물속 바다에는 수많은 생명의 눈길
물 밖에 공기 속에도 둥글게 맺힌다
한없는 생명체들 전지적 사물
모두에게 필요한 조화 사랑의 눈
천 가지 삶은 천 가지 만 가지 형태
다양한 삶 양식들
공기 중에 수많은 보이지 않는 눈
공기 위아래
생명체들의 호흡과 기운들

만개의 몸 만개의 눈을 갖는다
눈과 귀가 열려 몸이 눈이 되다
눈이 머리에 달려 뱅뱅 도는 잠자리
밤중에도 움직이는 물체를 감지한 올빼미
날개로 보는 맴맴이 눈
바다 속의 생명체 눈
식물들 싹눈을 틔운다

온 세상 존재하는 모든 것들
자기의 눈 자기 방식으로 본다
가을날 잠자리 떼 하늘을 날고
개도 고양이도 밤낮을 적당히 본다

지구를 돌리는 신의 눈
천만 개도 넘다

꽃밥

제2부

당신은 가장 어여쁜 **꽃숭이**어라

당신은 가장 어여쁜 꽃숭이어라

바리바리 싸 시집보낼 때 장모님 얼마나 기뻤을까
가난한 신랑이라도 사위는 목사
막둥이 하느님 딸로 바칠 때 그 마음
얼마나 애틋했을까

도라지꽃 닮은 보랏빛 꿈은 늙음을 잊게 했다
첩첩산중 나주 내동골 적막한 바닷가 거금도 명천
고흥 동강 세곡골에서 목양 20여 년을 지켜보셨다
막둥이 보러 두어 번 왔다 가시는 착잡한 뒷모습
잘나가는 도시 목사완 딴판인 사위, 가끔은 밉기도 했겠지

밭에서 나온 푸성귀 광양장에 팔러 가다 전동차 치인 후
병원에 계시다 코로나 무렵에 외롭게 하늘나라로 가셨다
지금 하늘나라에서도 달과 별로 날마다 빛나는 당신은
가을날엔 코스모스로 손 흔들며 한들한들 나들이 나오고
봄날엔 개나리 철쭉 불타는 사랑으로 환하게 다가온다
당신은 온 천지에 가장 아름다운 꽃숭이

하늘에서 내려온 꽃숭이가 다른 게 있으랴
우리 손주 손녀딸들이 가장 어여쁜 꽃숭이지

우리 딸이 가장 아름다운 꽃숭이지 하시면서
평생 논밭 곡식 꽃으로 보며 사신 장모님

당신은 천상에서도 가장 어여쁜 꽃숭이어라

해오름 맞이

가장 추운 새벽녘 동틀 무렵
맑고 깨끗하게 빛나는 청명한 별
혼자라도 겨울 산에 오른다
뜨거워진 발과 가슴 손 위로 태양
떠오르기 전 저 멀리 새해맞이 새벽길
뜨겁게 태양보다 먼저 타오르는 사람들이 있다

타오르듯 용솟음치는 태양 안고
해오라기 한 마리 힘차게 날아오른다
을씨년스런 갑진년 혹독함 마감하고
새롭게 을사년 아침 해 떠오른다
흰 산 흰 바위 흰 산길 타오르는 사람들
겨울잠 자는 나무와 뭇 생명을 깨운다

봄은 저절로 오는가 아니다
내 몸과 가슴에서 천천히 오고 있다
긴긴 겨울 차고 일어나 새롭게 봄맞이 한다
속 눈 가만히 띄운 아침 햇살 안아본다
푸른 청보리처럼 새롭게 일어난다

천천히 겨울 산 오르다 보면
얼음장을 도끼로 쪼개 찬 가슴속
죽은 혼 깨워댄다
엄동설한 찬바람에도 태양이 떠오르듯
수천 수만 햇살 불새 되어 타오른다

봄 귀 먹었다

남의 말에 긁히지 않도록 미리 하늘 약 바르자 했건만
상처 덧나지 않도록 미리 사랑 밴드 붙이자 했건만
남 상처에 나의 마음 베이지 않도록
마음 귀 벽에 붙여두자 했건만
묵묵부답
연잎 위의 물방울처럼 또르르 흘려 보내네

마음 베이지 않도록 마음에 불을 달궜다
열심히 쳐대면 내 마음 칼 환하게 빛나리
진흙탕 속에 연꽃 대 올라 비구름 위로 반짝인다

내 마음 하늘을 나는 새
물 자국 그림자 훤히 비추인다
마음 너무 두지 말라
봄 귀 먹는다고
가실 귀 먹으랴

시절 연인

봄비 내리다
자연 속에 살아
바다와 산 땅을
닮아간다

달달이 변한다
날이 변한다
순간순간
잘 가는 계절 따라
사람들도 변해간다

봄비 내린다 나도
봄비가 되려나
어둠 빛줄기
한 가닥 가슴을 적신다

애인도 시절 따라
변해간다

귀먹은 세월

눈멀고 귀먹은 세월 몇 해던가
가슴 먹먹한 눈먼 아이 하나 낳다
품어 깰 수 없는 슬픈 그대 봄철 되면 지지배배 날아들고
아 이 땅에 봄은 반드시 오려나 눈먼 세월
이 땅에 새들도 갈 곳을 잊고 눈멀었다

울어울어 피 토하며 한 번 울고 가는 비조새
벙어리 속울음 들판에 뻐꾸기 푸른 울음 울면
저 산에서 또 다른 뻐꾸기 울어 제킨다* 지리산 영령들이다

이젠 눈먼 백성들 속울음 소리 그만 울게 하라
이젠 그 울음 그치고 아름다운 노랫소리 한번 들려주렴
긴 가시 박힌 이 역사의 나무에 새겨진
두 번 다시 슬픈 애가는 그만 불러다오
까마귀 울음 몰아내고
어린 접동새 피맺힌 한
다 삭힌 청아한 소리
세상에서 가장 아름다운 노래를 들려다오

*「지리산 뻐꾹새」 -평전 송수권 시

엄니 손발

엄니 손은 갈퀴마냥 무엇이든 일궈낸다
긁어대는 호맹이 손 같기도 하다
제 너머 긴 밭고랑을 하루 만에 다 맨다
이젠 엄마 손은 소나무 껍질마냥 두툼하다
끌텅마냥 거칠고 옹이도 박혔다

엄니 발은 소 발바닥
눈이 게으르지 발이 게을러야
눈이 발에도 손에도 달렸나
새벽부터 저녁나절까지 자갈밭도 옥토를 만든다

엄니 맨손 맨발은 창조주 같다
당신이 닿은 곳은 녹색으로 변한다
울 엄니 손발은 하느님 손발 같다

울 엄니 손발 예수님처럼 못이 박혔다
손발에 못 뺄 수 없는 옹이살 잡혀
새끼 치듯 푹 불거졌다
울 엄니 손발은
예수님 손발 같다

나 죽거든 바다에 뿌려다오

산이 풍덩 논에 빠졌다
산 위에 모를 심다
산 그리매 논 안에 잠기면
나도 산 속에 잠긴다

머리가 발밑에 깔려
즐비하게 밟힌 공동묘지
뼈들이 모였다
죽어서야 니것 내것 없다

살아생전
하나 되지 못하더니
죽어선 한 흙덩이로
바닷물 속으로
흘러든다

나 죽으면
바람 좋은 날
푸른 바다에 뿌려다오

산 그리매
푸른 바람처럼
살고프다

관절통

찰방 찰방 진흙 논 댕기면서 모를 심던 엄니 아부지
오뉴월 장마통에 쑤셔온 무릎 관절통
슬개골 관절 속 파고드는 고통 삐그덕 문풍지 넘어
시린 바람 따라 들어온다 아리고 쓰리게시리

내 관절 쓸 만큼 썼나
울 엄니 아부지 인공관절 수술 자국
하나씩 가지고 하늘나라 가야하나
내 관절통 날씨예보 가늠한다

다리 끌고 밭에서 논에서 무너진 집 살림
세우려고 얼마나 많이 달아졌으면
삐그덕 삐그덕 녹슬어 맷돌같이
윗짝 아래짝 덜크덩 소리만 난다
물렁뼈 속 인대 끊겨 덜컹 물컹거린다
물컹한 흙덩이를 돌리는 기름칠도 다 됐다
참기름 고소하게 피마자 동백기름
머리부터 온 몸 칠해도 속은 삐걱삐걱

논바닥 쫙쫙 마른 듯 쫙쫙 찢어진 아픔

관절 마디 속에 찰방 찰방 비라도 맞으면
쑥쑥 씨린 관절통 마른 논에 빗물 차듯 시원하련만
산으로 들로 내달렸던 관절아
이 여름 지나고 가을 지난날까지 잘 버텨왔구나

마디마디 고통 속 커가는 몸에 비해 비어진 뼛속
매듭매듭 속빈 대나무 속울음 서글퍼라
육자배기 작대기로 무릎통 돌아가게 퍽퍽 농치니
사람 뼈를 녹여 만든 인골 피리 소리 들린다
여기 저기 널브러진 죽은 뼈들아 일어나라
삐걱 삐그덕 아직은 살아있구나

상처난 큰 나무

이리 찍히고 저리 찍혀 형태도 없애지다
흙이 되어 돌이 되어 문선대 바위로 서다
천년 만면 살아내어도 한 몸 반은 빨갛고
반은 파랗다 속살 핏빛 멍울져 흰 돌로 섰다
태풍에 생채기 난 갯벌들 새살 돋아나라
짠 밀물 썰물 들이치네

자기 껍질을 벗을 수 없나
생채기를 안고 있는 태백산맥
벗을 수 없는 최후의 보루
지금은 벗어 던진다고 흰 하늘일까만
난 까만 바다 속 깨진 밥그릇이다
속살에 안료 안쓰러워 살살 바른다
천천히 아주 느리게 새살 돋을 때 기다린다

상처난 가슴도 쓰담쓰담 세월 약 발라본다
스스로 낯을 치유하는 산 계곡물 따라
곁꽃님들도 활짝 웃는다

깊은 산속 외로운 큰 낭구 함께

엉겅퀴 달맞이꽃 나리꽃들도
숲 바람결로 햇살 머금고
발밑으로 스미어 끝까지 흘러간다
수액 따라 힘찬 물길로 솟아오른다

*고흥 운암산 계곡 대젓골 호변 저수지를 지나 문안대를 고흥 작가회 회원들과
 번개팅 중 섯재 산행을 하며

겨울나무

넌 춥지 않니 외롭지 않니
넌 무슨 재미로 사니
음양을 한몸에 안고
봄도 겨울도 아랑곳없이
뿌리는 음으로 잎은 양으로

옷 한 벌 없이 겨울나고
누가 알아주지 않아도
봄이면 의연히 살아난다

넌 야당 여당도 없고 여자 남자도 없고
잘난 체 못난 체 아무 말 않는다
여기 저기 기웃거리지도 않고
그저 한자리 한평생 의연히 서 있다

나무야 네가 사람보다 낫다
없는 듯 있는 듯
잘도 산다
말 안 해도 안다

심장 스탠트

소나무의 의연한 기개
동백의 붉은 심장
너는 죽어 천년 살아 천년
죽어서도 붉은 심장 이젠
감정 없이 돌아만 간다
채깍채깍

넌 멀찌감치 떨어져
홀로여도 외로움을 모른다
이젠 스탠트로 숨을 쉰다
엄동설한 속 푸르른 날
속 깊이 흐른다 차갑게
돌리는 내 심장 시계

아무런 감각 없다
이상한 물건
남을 돌리면서
자신은 천년만년
가만히 있다

운암산 기슭

개처럼 산 나자로
아브라함이여 나를 구하소서
큰 구덩이에 박혔던 두 혼
천국 대문에 거지를 바라본 두 사람 얼골
무엇이든 얻어먹어야 살지
부스러기 하나 주지 않는다
부자들 고양이 개한테 인색
고양이만 거지 헌데를 핥고

비가 억수로 쏟아진다
나무는 좋아하고
사람들은 폭우에 난리통
몸 바꿔 살아온 세월 하늘이 땅으로
저 세상에선 땅 하늘이 뒤바뀐다

벌레들은 사람으로
사람은 벌레로 변신
알에서 깨어난 왕
다시 알로 돌아가리
물 속에서 나온 인간

다시 물로 돌아가리
똥이 물로 태어나
순수한 영혼처럼 구름되어
두리둥실 운암산 기슭에
물기둥으로 문안 나선다

밤새도록 개소리 하나 없다
새끼 개구리 엄마 찾는 소리인지
개골개골 갯골 갯골

밥그릇 싸움

 친구 순희 옥희랑 둘도 없는 벗 처음엔 싸우고 달고 했더라 어무니도 가고 없고 아부지도 잃고 나니 둘도 없는 벗 너는 나로 살아주고 나는 네 안에 영원토록 살아가기로 약속했다

 여순 때부터 동백이네 딸 순희와 팥죽 엄니네 옥희는 항상 붙어 다녔다 순이와 옥희는 둘도 없는 단짝 동백이네 집앞을 지나면서 항상 같이 학교를 마치고 오면서 팥죽 가게를 들려서 팥죽 엄마에게 인사하고 갔다 옥희와 순이는 어쩌면 쌍둥이였는지 모른다

 세월이 요상해 둘이를 찢어 놓으려 두 집안도 산산조각이 났다 친인척 빨갱이 집안이 되어 처형되었다 초등학교 때 하루아침에 태풍으로 집안이 날아가고 태풍 후에 쏟아진 물길로 집안 살림이 다 잠겨버리고 살림들이 다 떠내려갔다 둘은 태풍 끝 무지개로 한 띠 되어 하늘나라로 돌아갔다

 옥희는 꿈결 따라 무지개다리 건너 고흥으로 와 남희를 낳았다 순희도 순리 따라 순천으로 내려와 맘씨 좋은 아저씨 만나 북희를 낳았다 순희 딸 남희 옥희 딸 북희는 날마다 고향 땅을 돌아보는 게 너무 신났네

오늘도 내일도 남희 북희 동백이네 가게 팥죽 엄니 집 밥그릇 속 환히 웃는다

달항아리

대대로 내려온 600년의 땅 속
하얀 백토 얼마나 기다렸나
뼈가 썩어지다 못해 하얗다
세월에 묻힌 백골의 세월
분처럼 어여쁜 흙

천삼백 도의 온도 속에
타지 않는 다니엘 세 친구처럼
푸른빛의 영혼들
고흥 땅 눈보라
태풍 빗줄기
수천 년 세월 동안 묻혔다

여기 푸른 한 영혼이 빚은
도자기 속 하얀 빛줄기
영혼을 살리는 순백의 혼

소박하다 투박하다
후덥하다 정답다
거친 듯 보들보들한 흙

고흥 바닷사람들
달항아리 하나씩
안고 산다
한 줄기 흙빛으로
깨어 있다

등대방대

 작은 겨울나무 찬 서리 이고 소설보다 찐한 인생살이 살아온 용골댁은 등대방대˚하다 힘스롱 언제나 방긋방긋 어제는 항꾸내 메주를 쑴시롱 재밋게 지냈다 와따 메주 쏘붕께 속이 씨언허요 잉 인자 좀 편히 쉬어도 되것구먼
 와따 원골(세곡댁) 권사님은 워째 그리 방실방실 날 때부터 웃음시롱 나왔나 보요 잉
 울 아부지가 니는 동네 나가면 총각들이 넘 좋아해서 어쩔랑가 모릉께 될 수 있음 나가질 말랑 잉 힘시롱 주의 줘도 아랑곳없이 벙실벙실 동네 마실 댕김시롱 오지게 사신다 예전엔 야외극장도 한번 못 다녔당께요
 아부지가 너는 그래도 배운 사람한테 시집가라해서 여기 집안에 시집왔제라
 남들 앞에서 무답기 웃었삼씨롱 사니께 좋아헌 줄 아는 게 몰라요 잉
 어렸을 적부텀 남들에게 무답시 좋은 웃음주고 욕먹고 살아가지 않아야제라
 그렇게 살아온 시상이 원스럽다 그래서 옹골댁 입엔 절대로 더러운 이 요즘 흔히 쓴다 모든 일에 그작저작 자연스레 살았감시롱 머스마들 땜시롱 절대로 절대로 더러운 더러워서 입에 붙었다 뭣이 그리 서러운지 모르것다

타고난 호기심과 명석함 관찰력 땜에 어떤 것도 기냥 지나 친 뱁이 없다
과하다 싶어 무답시 낭패를 당한 적도 있었지만 남들을 다 제집처럼 생각하신다
하늘이 알아줘 좋은 자식들 두고 살아 참 행복하제라
허리를 굽고 손은 관절이 생겼다 엉치나 다리를 절룩절룩 거리면서
오늘도 교회당에 오셔서 재밌게 친구들과 재담을 나눈다
나이 들면 있고 없고 잘 가르치고 못 가르치고 높고 낮고 다 거기서 거기지라

*등대방대 : 손에 올려보면 비등비등 똑같다는 고흥 사투리

지네 털기

장어르신 왈
지네가 올라와 다리로 기어 오더니
붕알을 무땐다 지네에게 물리면
붕알이 퉁퉁 붓는다
장화 속에 때론 옷에 지네가 있어
탈탈 털고 옷을 입는다 하신다

사도세자가 뒤주에서
한 무더위에 물 한 모금도
안 주고 지네밥으로 죽었다
지네가 들어와 온몸이
물려 죽었던 사도세자를 보는
아내와 아들 이산이 보는 고통

예수 그리스도의 십자가 고통 겹쳐진다
미운 사랑도 사랑
어떻게 하늘 아버지가 아들 예수를
그렇게 처형할 수 있었나
아니다 저를 죽인 게 신이 아니라
분명 사람이었다

지네 독 다 털어내라
미움도 다툼도 미련도
탈탈 털자 머리카락 하나 남김없이
하늘나라 가는데 몸땡이 하나면 족하다
뭐든 다 털어내자
스르르 슬그머니 들어온 생각까지
싸움도 미움도 그냥 확 털어 버린다
무더위에 지네 물린 생각
털털 털어 버린다

샘 보조개

너의 눈에 꽃샘 눈물방울
꽃샘 날 눈이 시샘하다
볼에 재운다
인간들 부산하다 먹고 살기 퍽퍽
자연도 퍽퍽한지 춘 삼월 꽃날 눈바람

눈 쌓인 세상 하얘
온 세상 눈 덮인 산하
우리들의 꿈도 하얗다
꽃보다 진한 사랑
꽃 시샘하는 눈초리

그래도 우리네 인생
사랑으로 녹여내리
가시나무에도 새 날아든다
꽃바람 시새움 이쁜 맘
이쁜 얼굴 봄꽃 피었다

얼골에 하얀 미소
한 송이 꽃 같다

제3부

달맞이 **꽃**

달맞이꽃

끝까지 한들한들
갸냘픈 희망 흔들댄다

가냘피 여린 바람결
거친 바람 달래며
밤마실 나온다

달맞이꽃
여름 땡볕에
고요히 새벽을 연다
달맞이 씨앗 하나
톡 떨어뜨린다

씨앗이 포탄보다
오래 간다

제때 온 봄

기다림 끝 봄
긴긴 기다림 끝에
피어난 희망 망울망울

기다렸던 간절함
천지에 꽃기운
언 땅 뚫는다
하루도 아니고
평생
겨울 세상 지냈다

꿈엔 항시
기다렸던 봄
꽃이 피니 봄인가
봄이 와 꽃 피었다

제때 온 봄 난
아직 모르겠다

여름 전쟁

논에 황새들 날아든다
밭에 벌 나비 날아든다
길가 아이들 신났다
못밥 맛난 철이로구나

일일이 진딧물 손으로 잡아주고
간간이 친환경 약도 쳐댄다
우렁이들 벼논
제초제 모른 시절
강아지 물방개 소금쟁이
노닐던 적 아조 옛날이야기
옛 정 많은 주인들 바뀌고
새로운 판세로다
잠자리 윙윙 날아
이 곳 저 곳 나는 하늘
비행기 소리 쌩쌩

멋모르게 황새 입에 물려
저 하늘 비행 때 좋았더라
온갖 땅붙이들 초토화시킨다

뱀 개구리들 물방개 땅강아지 숨어라
땅속 깊이 들앉아 겨울잠이나 청하라
세계는 지금 여름 전쟁판
달리 방도가 없다 그래 닥친 대로
초토화시킨다 우린 우리대로
죽기 아님 살기다
가을 추수철 없어지고 여름도 멈췄다
지구 저편 즐기는 여름 전쟁
사람만 덥지 생물들 그늘
햇살 적당히 나누며 잘도 산다

우두 무지개 다리

무지개다리 우두 마을에서 칠월칠석날 고흥 작가회 회원들이 만나 노을 지는 바다 풍경 보면서 무지개 다리 거닐며 시를 짓기로 했다. 옛적 임진왜란 때 화살을 만드는데 남양면 우두 마을의 대나무를 사용했노라 우두마을 무지개 마을을 보며 화살시 한 수 지어본다

튼신한 군인들 다리처럼 팽팽하게 꿩 깃털 세워 화살 하나 만들다 무지개 다리 건너 하늘의 별을 향해 활을 쏜다 하늘의 별들 뚝뚝 떨어져 갯벌밭에 묻힌다 게눈 뜨고 나온 농게 눈 속에 하늘의 별 달들이 들앉다 별들 떨어져 무지개 다리 수놓고 포근한 달들은 두둥실 함께 내려온다
  바닷마을 가난한 집안에 포근한 이불 되어라 태양아 너는 무지개 마을 집집마다 오색빛갈 밥상 되거라 진수성찬도 이보다 더하리 휘황찬란한 도시 문명도 싫다
  한여름날 저 산 위에 무지개 삼형제 놀러와 이 쇠머리마을에 오색 빛깔 수놓았다 무지개 다리 넘어 무슨 일 일어나랴 어제는 폭풍우 우박 내리더니 오늘은 불빛 폭죽놀이 마치 전쟁놀이 방불케 한다 인자는 화살촉일랑 만들지 말고 쟁기질 물레질 꺼리 만들자 부삭에 불 지펴 밥 짓고 그릇 굽고 낫 호미 만들어 농사 지어 살어가자

무지개 다리 지나면 어떤 새로운 세상 오려나 해남 장흥의 널찍한 땅에서 고구마밭 일구는 소치는 아애 얼싸 덜싸 바닷바람 고기몰이 구경간다

 하늘의 새들도 바다의 고기들도 내 땅 니땅 없이 넘나들며
 무지개 다리 지나 자유의 세상에서 신나게 놀아보자
 언제나 고흥 땅 긴 길 해변 길 둘러쳐 동남으로 오갈까
 허리 잘룩하게 좌우 뚫어 해변 고깃길 만들까
 마을 따라 갯가를 천천히 거닐어 보는 고흥의 해안 길
 남파랑길 환히 다 연결될 날
 무지개 끝 마을 우두 섬마을 너머
 시베리아까지 나아가리

여름 낮잠

다들 뻐근한 여름 낮잠 한숨
무더위에 그늘과 시원함 찾아
여름 손님 호랑이보다 무섭다

나무와 숲은
지구를 살리려 산소를 내는데
사람들 부족한 산소를
다 빨아들인다
나무들도 호흡이 짧아졌다
전쟁 바람 따라 빨리 죽어간다
호흡이 잘못 돼 빨라진다
자꾸만 들숨 날숨 빠르다

천천히
동물들 겨울잠 자듯
여름 낮잠 푹 자고
아침저녁만 일하자

홀라당 벗은 열음

울 아부지 울 엄니
한여름에 파마자 옷 입으시고
털렁 붕알 내고 후줄끈 내린 젖탱이
부끄러워하지 않고 둘이선 좋다
한여름이라 홀랑 다 벗고 지낸다

까만 바다 속 시퍼렇게 깊은 속
타오른 태양은 모를 리 없지만
그 속으로 함부로 못 들어간다
벗었다 낮밤으로

뿔난 태양아 너 땜시 이렇게
온 천지 불만덩이 지글지글
이제 그만 타올라라
바다에 풍덩 빠지거라

이 여름날 너랑 나랑 둘이 실랑이
더욱 덥기만 하다
녹든 타든 니 맴대로 하거라
한 철 벗고 놀아 보자

갸우뚱 갸우뚱

갸우뚱 손발로 요리 조리 혼자 잘 논다
집안에 들여 논 새끼고양이 펜을 가지고
방바닥을 긁으며 글쓰기 연습도 한다
컴퓨터를 자세히 쳐다본다
폴짝 뛰어 목표물인 볼펜을 낚아챈다
지 혼자 날카로운 발로 방바닥에 굴린다
요리 조리 글공부 한참
고양이가 컴퓨터를 보고 좋아한다
움직이는 모든 것이 신기하다
컴 자판에 오르더니 시집 문장을
누르더니 글을 꺼버렸다
야옹이 탓하랴
대신 쥐나 한 마리 잡아 주라
고양이 목에 쥐꼬리 달았다
컴퓨터 마우스 자판기로 시 한 수 지어본다
갸우뚱 갸우뚱

넋두리

무엇에 열정을 쏟아서 힘을 내나 바람뿐이다
빗줄기 억수로 쏟아질 여름날 누가 그 기세 꺾으랴
폭염으로 온통 바다도 땅도 펄펄 끓은 기운
누가 이길 수 있으랴

우리는 무슨 재미로 사나
그저 자연 순리대로 살아간다
아무리 애써도 할 수 없는
세월의 무게 누가 감당하랴
새들도 땅에 내려와 쉬었다
먹이를 먹고 알을 깐다
깨지 못할 알 끝까지 품어댄다

인간들 신도 농락한다
전쟁도 불사하며 조물주를 우롱한다
언젠가 다 무너져 한줌 재로 사라진다
무기력에 빠졌던 제 무덤 살이
넋두리나 늘어보는데 저 멀리
바람 낮잠 주무신다
숨은 바다가 그립다

까만 별 흰 별

세상엔 사람 빛깔
땅 위엔 불 빛깔
바다 위 물 빛깔
하늘엔 별 빛깔
새벽 세시 마당가 매화나무
하늘 별들 붉은 색깔 푸른빛 감돈다

왜 그리 외로워 하늘에 별 보니
총총 붙박혀 이 밤도 총총 빛난다
쌍둥이별이 나란히 어깨동무
사수별도 쏴보며 점 밝아진다
해거름 지나 새벽녘 아무도 몰래 붉고
파아랗게 밤하늘 수 놓는다

별이 지구로 떨어지면
봄 초롱초롱 파아란 싹처럼 연둣빛 내고
여름엔 푸르다 못해 붉은빛 낸다
가을엔 쪽빛 하늘 온통 황금 들녘

겨울밤 별 형제들

따숩다 못해 까만 밤 하얗다
어둔 하늘
되비춘 땅 빛
하늘 빛깔 땅 빛깔
바다 속 까맣다 못해
희디 희다

내 까만 가슴에
흰 별 하나 뜨다

시인의 밥상

그 옛날 지금 시도 때도 없이 도둑놈을
밤낮 먹거리 입거리 밥그릇까지
다 훔쳐가고 영혼까지 도굴해 갔다
일본에서 인도차이나 중국 미국 영국 네덜란드까지
우리 정신 혼 뺏아갔다
도둑놈 우리 영혼 훔쳐가고
도자기 빚는 도공들 데려갔다
땅덩어리도 주권도 도둑질해 가는 놈들
우리 것들 모두 뺏아갔다
그래 이왕지사 여기 저기
하늘과 바다 넉넉히 너희들에게 주리

이젠
깊이 파 기름진 우리 정신
우리들 가슴속 깊은 상상력
농투산이 갯사람 속아지 상상의 시어들
하늘 도둑 바다 속까지 시인이 상상으로 다시 되찾아 오리
하늘의 상상력을 빼앗아 세상에 꿈을 심어준 예언자
도둑 중 상 도둑 시인은 상상력을 훔쳐다 준다

우리네 신화 민담 판소리 민요와 서민들 풍습들 놀이판
신명나고 멋들어진 우리네 살림 재미진 음식들
시어로 버무려 한 상 걸게 차려 놓는다
한 상 시인의 밥상 온 세상
배부르다

다문다문

다문다문허게 잘 나온다
듬성듬성 메주 콩알 심어
다문다문 매주덩이 열린다

띄엄띄엄 서리태 심어두면
서리 내릴 무렵 속청 파란 게
잘도 맺혔다 네 이름 서리 내릴 때
심지도 않는 칡이 밭을 둘러쳐대도
풀들 서리 때까지 자라도
은밀히 말없이
고요히 때마다 달마다
익혀둔 사랑 서리태 푸른 알맹이

사분 사분이 그릇 안에 담긴 음식들
너무 들내지 말라
그냥 주어진 대로 있는 그대로
제 맛에 맞게
맛나게 살아 있다

그냥 사분사분

다문다문히
자분자분
잘 살았다

명탯국 갈치조림

맛도 좋아야 토종 종자
멋들고 팔려야 오가는 정
더욱 쌓인다

자분자분
여름 나기 좋다
멋 없다는 여름철
콘크리트 아이스크림처럼
늘어지고 철탑도 말랑말랑

소막 안 소들 붕알 축 늘어지고
아이스크림 수박도 한계
35도를 웃도는 한여름
쏙꾹 쏙국 속꾹새 울어댄다
엄니는 식당에서
무를 써신다 쏙독 쏙독

쏙독새가 저 산속에서 우나
집안에서 우나 쏙독 쏙독
한 울음 두 울음 썰어

청국장 명탯국 갈치조림
무더위 시원허다

솥적다 솥적새
쑥수럽다 쑥쓰럼새
서럽다 설움새
울 엄니도 쏙떡 쏙떡
무 잘도 썰어 삶아댄다
명탯국 갈치조림
한 그릇 시원하다

암 투병 할애비

죽고 싶다
암투병하는
할애비 넋두리
오죽하랴

잘못 산 인생이었나
할하범 할멈이랑
같이 죽자
이젠 못 살것네

할멈 속도 모른 할아범
당신 가셔야 내사 숨이라도
쉬면서 새롭게 살아가제
사랑 미운 정으로
산다지만 미움도 끝났다

같이 죽자
꿈속에도
달라드는
외로움뿐

친구들 하나 둘 가고 없다
마누라마저 없는 듯
완전 혼자

싫은 병마만 친구하잔다

속청-서리태

속을 꼭꼭 감춰두어라
파란 한 서리 때까지
속이 푸르탱탱하게

유골을 봐도 흰 것
속도 허옇다 모르겠다
머리카락을 봐도 흰 것
몇백 년 지나도 뺏닥 모른다

우리 맘속
시퍼런 영혼
누가 알아 거둬갈까
시퍼런 꿈

서늘한 사랑

가냘프게 피어나고
서러웁게 열렸다
애잔하게 간다

햇살 비춰야 열매 영글지
바람 불어야 향기 퍼지지

바람도 없이 싸늘하게 쌩쌩
향기도 없이 무심하지만
우린 때론 서늘함 속
더욱 포근하고
따습기도 하다
퍼렇고 끔찍해라

뜨거운 것만
사랑이랴

달의 이면裏面

농부들은 여름날
새벽에 하루 일 다 한다
밀물 썰물 때 바닷물 때
달뜨면 일어나 해 지면 돌아온다
무슨 일로 이리 빨리 서둘러 사노

나무도 그늘 나누듯
여름 장마통 겨울 눈바람통
빗물을 나눠 한여름 깊은 계곡
물로 흘러가라

사막의 여행자
여름 아침 추워 좋고
겨울 저녁 더워 좋다

지구 이 편 저 편 여기저기
같은 때 달리 산다

유자 밥상

하늘 열리면 볕향 유자골에
노오란 꿈결 하얀 가슴 열린다
내일 제천 행사 소풍날
이팝향 섥고 섥다
하늘 소풍날
걸판진 유자밥상 한 상 걸판지다

바다 향 몰싹허고
노오란 바람일 때 정분 든
온갖 텃새 철새들
파란 몸 하얀 가슴 포개어
나도 노란 사람 되었다

쏴허니 농익은 밥상 한 그릇
모든 것 다 차렸으니 여기
밥 한 술이나 뜨고 가시오

유자밥 한 그릇
자알 자시고 가시오 잉

꽃밥

제4부

겨울 매화산 **동백 꽃물** 흐른다

겨울 매화산 동백 꽃물 흐른다

우린 말로 산다
꽃은 향기로 산다
중얼중얼 쫑알쫑알
귀신 씻나락 까먹은 새소리 들린다

말보다 진실한 침묵의 말들
조각품 그림 시 그저 한풀이려니
맘에 베이지 못한 마음
댓잎에 바람 베이듯
마음 베이느니 말에 너무
신경 쓰지 말자

금속같이 부닥치는 무릎과
무릎이 부닥치는 소리
진짜 아는 자는 말없다
말로 하지 않고 그저 마음
몸으로 전해진다 이심전심
꽃 부드럽게 폈다 진다
깊은 향으로 말한다

동박새

눈 찔린 어둔 새야
밤새 울어다오

울음 따라 피어난
진달래 동백
물들이네

찬 겨울 지나고
새봄이 왔으니
눈물일랑 거두고

꽃피는 산과 들로
신나게 가자꾸나

달 삼킨 고래

고래가 달을 삼켰나
요나를 삼켰던 고래
예수 그리스도를 삼킨 세상
못 견디고 토해낸다
달을 삼킨 고래
달 새끼 팍팍 낳는다

달 뜬다
해와 산과 바다를
토해내는 달
산마루에 걸터앉아
달 따러 간다

바다와 달 한 몸
땅과 인간 한 영혼
달이 바다를 먹고
해가 땅을 먹고
날마다 커간다

고래가 커다란 달을 삼켰다 뱉는다

1948년 10월 상달 유두날
환한 보름달 뜰 때 파르티잔들
너무 환해 미쳐 버리듯 쓰러진다
너무 시린 날 달빛 따라
고요히 흰 넋 되다

기억의 통점

어렸을 적 친구들과
내리막길에서 자전거 경주를 하다
자전거 뒤집혀 무릎을 다쳤다
그 후유증이 지금도 아리고 쓰리다
갑자기 쇠망치로 팍팍 때리고 칼로 도려내듯 아프다
한쪽 팔을 교통사고로
의족처럼 달고 있어 수시로 아프다
어머니 허리 통증 이보다는 덜할까
어르신들 비오는 날 쑤시는 것 나도 닮아간다
교통사고 후유증 관절통 후유증으로
평생 지고 살아간다

죽고 죽이고 전쟁의 참화를 겪어온
우리 민족의 수난사
전쟁통에 당한 죽어도 없어지지 않을
백년 동안, 아니 평생 기억에 남는 상처
세월이 지나면 인간은 망각하고 잊는다지만
역사의 트라우마는 기억 속에 평생 남는다

시인들 말

시인의 말은 알 수 없는 세계
현실적인 말과 다르다
상징어와 은유
평상언어 일상 삶이랑
동떨어졌다

미지의 세계
자연과 인간
때론 무생물도
인격을 주고 살려낸다

상상의 그림
흑백 소묘
구성 영화
무음 생명
죽은 것들 다 살려내고
산 것들 무용케 한다

푸른 돌 여행

우주 용광로 펄펄 몇 백년 동안 궁글려
태어난 유랑별 지구별에 잠시 태어났다
툭 떨어져 설산 꼭대기 굴러 나온 푸른 돌
삼면이 바다인 마을 끝동네 떨어졌다

푸른 아기 돌
푸른 바다 속
푸른 풀섶
파란 나무 새들 속
고향 찾아 노닐다

떠돌던 푸른 돌
잠자던 친구들 찾아
요리 조리 뒹굴다
지친 어깨 기다면 실컷 쉬더니
푸른 빗물 푸른 햇살로 깨어나
은하수 푸르른 기상 타고
쑥쑥 자라 큰 산 큰 바다가 되다

어느 날 갑자기 흰 돌 구름 따라 달로 뜨더니

밤하늘에 총총 뜬금없이 사라진다
푸른 하늘 푸른 바다
영롱한 이슬 빛으로 되살아나
작은 씨앗들 틈에
총총히 빛난다

젊은 해

젊고 싱싱하던 해도
늙어간다
초생달처럼 작고 작은 씨달
보름 열매 맺었다 떨어지리
갈수록 지구를
빨리 돌아가고
인간 지구별
거꾸로 돌아간다

젊은 해
젊은 달

달도 씻고 씻으면
새달 눈처럼
개안하니 밝아질까

아주까리 기도

아주까리 한 잎에 의지하는 놈
지구 저편 적들의 멸망을 목도하다
한 사람의 분노가 만인을 죽인다
전쟁에 미친 인간들에게
한없이 빗방울 퍼붓는다 피마자 꽃

어찌하여 당신 노여움 푸시지 못하나요
어찌하여 거짓 노랫소리만 드높은가요

당신의 불같은 사랑의 분노
그저 불쌍한 저희들에게
무한한 관심 쏟아 부으소서
숭엄한 사랑의 밤 얼큰한 밤맛 들이켜
아주까리 인간들 모진 사랑으로 갚으소서

전쟁의 불길
수많은 짐승 곤충들 생명체들 절멸
전쟁의 땅에 자비를
쏟아 퍼 부으소서

여수 추석

여수 바다를 건너
저 멀리 남해바다 다가온다
여수 밤바다 지나 순천
목포와 고흥길에 들어
울돌목 해남 땅끝 휘돌아 간 물

한 입김과 생각의 숨 길다
좋은 추억 한켠뿐
여순 항쟁 종포 전투현장
이순신 광장 둘러보다

여수여 순천 따라
추석 잘 지냈니
여수여 순천이여
영원하라

불과 씨앗

부처 공자 소크라테스 예수 씨앗
당대에 최고 강한 씨앗들

세상은 쓰레기 진흙탕
피어난 연꽃 씨톨 맺혀

죄악이 큰 세상
갑자기 작아지면 큰 것
감당 못한다

커진 인간 작은
우주를 못 견딜 때
그냥 누구든 오라
바람 따라 바람 부는 대로
함께 가라 불씨여

씨앗 하나 불씨 되어
별똥별로 떠오른다
가슴가슴 언저리에
만 년 동안 빛난다

얼음 심장

낫으로 손 잘리고 창으로
옆구리 찔리며 머리 망치로 터져
심장 등골 오싹오싹하다

차가운 유리 조각들에
가슴 찔렸다
얼음장보다 차가워진 심장
차갑다 못해 싸늘하다

한 순간 아찔아찔
죽어가려니 한 생각 든다
그것도 참 괜찮아
차가움보다 무서운
소름 돋음 착잡함

차디찬 물속 차가운 돌덩이
사랑의 손길 뻗어 닿으니
뜨겁게 되살아 온다

차가운 손은 차가운 손으로

위로가 된다는
겨울의 작가인 한강처럼

차가운 심장들에게
차가운 심장은
계속 뻗어간다

차가운 손
차가운 손이 위로한다
예수 부활 손

해 심장

심장 나눈 형제자매
천재 음악가 별들의 노랫가락
여기 그냥 좋다
그저 흥얼흥얼

심장 터지듯 만난 환희
죽음도 미소로 답한다

신의 심장
하늘에 걸어두니
내 마음 훤하다

산천초목 속
만물의 심장 살아있다

뜨거운 심장
서늘한 몸
산천초목으로
되살아난다

죽으러 가는 길

안학섭 96세 장기수 삼팔선 장벽 넘으려
호미로 깨고 또 깨본다 베를린 장벽처럼
흙덩이 벽 와르르 무너지듯 철조망도…

역사의 뒤안 보이지 않는 길
그 당시엔 아무도 몰랐다
생사의 갈림길

나 오늘도 죽음의 길 간다
벌거벗긴 몸뚱이로
철조망 가로질러 넘어간다
새 따라 물 따라 죽기로
다짐하며 삼팔선 넘어간다

뻘배 여자

지평선 너머 수평선
수평선 맞닿으면 맹그로브 갯숲
하늘과 땅 하나로 열린다
바닷날 오늘 단오날 겹쳤다
견우직녀 만나 노닌다
하루 두 번 열리는 바닷길
물 때 따라 바다의 먹거리 캐는 여인
 조개들 해와 달로 나와
바다 소쿠리 찰랑 차알랑

바다 속 여인들
갯벌과 하나 되어
무엇이 몸인지 어디가 뻘인지
바다는 날마다 뻘배 여인들을
어서 오라 안아준다
바다가 열려 하늘비 적시며
갯땅 물 가득 찰 때
밀물 썰물 따라 맨 나중까지
갯바닥에 누워 바다와 하나 된다

호미와 뻘배

뻘밭에 뻘배 가는 길 장풍어 뛰듯
마늘 밭에 호미 따라 마늘 양파
홀딱홀딱 뛰놀다

가늘디가는 다리 굴려가며 뻘배 타는 여인들
호맹이 하나로 마늘 밭 마늘 캐는 아낙네여
풀숲 헤치고 조개 캐듯 마늘 캐는 심마니
물을 주어도 마른 땅 해볼 도리 없다
찌럭찌럭 땅을 밟으면 장화에 흙범벅
호미는 말을 듣지 않고 홀딱홀딱 뛴다
삽자루 대보니 뿌리 깊은 마늘 캐기 퍽퍽하다
김치가 웅담에 더하랴
곰들이 마늘 먹고 여자 되었다지
난 웅담 같은 마늘 캐느라 삐적삐적 비지땀 흘러 적신다

진주 캐듯 갯벌밭에 여인들은 바다를 파댄다
마늘밭에 홀딱홀딱 뛰노는 호미야
갯땅 위를 미끄러지듯 잘도 타는 뻘배야
오늘도 내일도 둘이 짝 지어 잘도 놀아보자

꽃밥

제5부

점심 바구니 떠들어온다

점심 바구니 떠들어온다

77년 전 6년여 동안
1948년 10월 19일 불붙은 여순항쟁 1954년 지리산을 동-서로 나눠 눈이 쌓이면 통째로 빗질하듯 쓸어버린 지리산 빗질작전 빨치산 활동 끝날 무렵 빨치산들 회문산전투에서 최후 결전 맞다
지리산 회문산 희디흰 눈이 쌓이고, 밝고 푸른 달빛은 더욱 찬연히 가슴 시리다
민족 사랑이 저 달보다 더 밝지 못했던가
우린 민족의 달빛
하얀 눈 위 새빨갛게 스러져간 붉은 꽃들
새벽별 더욱 밝아온다

433년 전 정유재란 7년 전쟁 막바지
명량해전 밤새도록 적들을 물리친 후 새벽녘 동이 트고
적군을 다 섬멸한 후 아침을 맞이하다.
이순신장군 아들 같은 막둥이 병사를 곁에 앉혀두고
숯에 검게 익은 알토란 함께 먹으며
살아있어 같이 먹게 되어 참 좋구나!
아침 해 떠오른다

이천년 전 갈릴리 해변
예들아 아침 묵자 허시며
그들이 잡았던 고기 가져다 큰솥단지 숯불 위 생선을 굽고
아침 밥 지으신 후 와서 조반 먹자 하시며
지극 정성 아침밥 차리셨네
빈 바다 빈탕질한 제자들
빈 가슴속 햇살 가득 밥상 배부르다
사랑 불타오른다 배불러 온다
아침 새참 바구니 떠들어 온다

종자들 온통 없애라

인종 청소
봐도 못 봤다
들어도 못 들었다
눈도 코도 입도 없다

수박에서 수박 씨앗
다 태워 없앴다
빨간 씨앗들 다 태워라

문둥이 후손에 후손들
남도땅에 다 묻어라
마귀 새끼들 모조리 다 죽여라

지하세계까지
붉은 화석들은
다 태워 없애라

동-서 빨 자 들어간
종자들은 싸그리
온통 멸절시켜라

고시래

그 이름 공비라면 공비 공산당이라면 공산당
빨갱이라면 빨갱이 무정부주의자라면 아나키스트
반란군들이라면 반란군들 온갖 죄목으로 죽여라
죽지 못한 산 유령들 먹으라네 고씨네에게
씨앗 아닌 씨앗 하나 남기고 죽었더라
사람들에게는 나눠줄 밥이 아닌 것 먹고 산다
고시래 짐승들 양식 별다른 양식 없다
뿔 달린 도깨비 양식 고시래 고시래

때론 마녀 암녀라 악마 사탄
미친 자 정신병자 문둥이로다
사람도 짐승도 아닌 중간 동물
천하도 천상도 오갈 수 없다
그저 나무도 아니고 풀도 아니다
양식도 아니고 그렇다고 독도 아니다
그저 고시래 양식이다 유령일뿐

같이 먹기는 해도 음식은 고스란히
남겨져 있다 같이 있는 듯해도
주변에 아무도 없이 혼자다

섬 아닌 섬에서 나 평생 섬
오가는 사람 맞아들인 문안바위
그대로 있은 듯해도 안 보인다
영혼도 그리매도 아니다
흘러 흘러가는 빈 물통
찰랑찰랑 바닷물 채워져도
그 안에 바다도 아니요
나무들 많이 자라게 해도
숲도 아니고 산도 아니다
그저 유령일뿐

내 이름은 공산당 새빨간 도깨비들
시뻘건 악령일뿐 유령이닷
문안할 사람 없는데 문안 바위에 유령 문안
나온다 사람이냐 바람이냐 아님 바위벗이랴
돌덩이 갈아 만든 그릇쟁이 손길 발길들
두려워하는 인간에게 권력이 맡겨진다
돈이 맡겨진다면 끝까지 그 맛을 알기에
놓을 수 없다 끈질기다
목숨 걸고 죽여라 유령이닷

용기가 없는 자들이라 남들의 손으로 전쟁을
일으킨다 개가 주인을 무는 미친개는 죽인다
못된 본성을 어떻게 해볼 수 없다 인간을 인간이
죽여서는 안 되는데 한 번 두 번째부터는 아무렇지
않게 사람을 죽인다 권력도 그렇다
탓은 눈에 보이지 않는 유령으로 만들어 버리면 된다
적은 완전히 박멸한다
아이들을 지켜 내려는 심정은 아랑곳없다
하늘에 날아가는 잠자리 떼들 바다의 큰 짐승 밥
빨려 든다 모든 것을 태운다 공기 오염도
높아 지구가 열 받아 눈 없어 보이지 않는다
나는 날마다 죽는 꿈을 꾼다 자면 일어나지 못한다
그렇게 하루 이틀도 아니고 수많은 날을 보냈다

추석마다 산묘 찾은 효자가 건네준 고시래
밥 한술이나 뜨시지요

허수아비 춤

시국이 시국이라 참담하다
나도 일이 손에 안 잡히고 마음도 착잡
무슨 이런 일이 있을랍디요
2024년 근대화 민주화 시대 '계엄령'이라니
1948년 10월 10일 여순항쟁 악몽이다
온 천지에 생방송으로 알려진 덕분에 그나마
한 밤의 헤프닝

계엄 해제 저녁 3시경
헛된 쿠데타
허수아비 춤
권력을 지켜내랴
명예를 지켜보랴
쥐꼬리만 한 자존심
온갖 거추장스레
너덜너덜한 옷
모자 삐딱하게 쓰고
장깨총 매고 허깨비 춤추네

언제인가 불타 없어질

허수아비 권력자들
끝까지 참새들 쫓는다
훠이훠이 새들은 아랑곳없다
하늘이 땅이 너희들 것이냐며
새 떼들 끄떡없다
허수아비 춤에 새들
속은 적 없다
논밭에 빈 허수아비
철새 떼들 반란이다

유령 시간

올라가 내려오는 빗물
내려갔다 올라가는 수증기
작물 순 올라간다
새들도 하늘을 난다

사람만도 짐승만도
못하게 타고난 운명
산사람 배암처럼
몰래 몰래 살아간다
홀로 떨어진 짐승들마냥
사나 죽으나 산사람
운명 잘못 타고 났다

한 백년 흘러도
천상천하
유령들의
시간이다

가시덤불 헤치고
운암산 백운산 지리산

산골짝 몇 날 며칠 살다
그냥 바다별처럼
한순간 사라진다

유령 살이

이제부턴 사람들 보고 살지 말자
새들도 떠난 둥지 시골마다 사람 없다
사람들 중심 기후위기도 극에 달했다
기후위기의 가장 큰 주적 전쟁놀이

유령들 나라에 유령들 싸움에 우리도 낑겨
죽음판 유령국가에 또 한 새끼 낳았다
라멕의 아내들이여 라멕을 탓하지 말라
가인을 죽인 자의 벌은 일곱 배
라멕을 죽인 자는 칩십 배
보복을 가하는 강국들은
자연 만물들 공중의 새들
바다의 생물들 보이지 않는다

대장 전쟁놀이
땅 경계 바다 경계 그어
자유롭게 못 오가게 해야
자신들만 오간다
적당하게 서로 먹히고
먹으면 그만이라

한 땅 한 하늘
한 가족들 아니다

유령 아닌가
저 멀리
보이지 않는
유령 나라
분명 희미하게
보인다

유령 살이 2

비갠 아침에 작은 고양이 새끼가 집안으로 기웃기웃
창문을 타고 청개구리들도 들어온다
배가 무지 고팠나 보다
아침밥을 챙겨주고 나니 들개들도 냄새 맡고 온다
다 먹어버린 새끼 고양이 밥 훔치는 들개를 어찌하랴

어이 밥 한술 뜨고 가시오
논에서 밭에서 집안 제사 때도 혼령과 위해 음식 나눈다
적당하게 서로 간에 나눠먹고 살았다 못밥 나눈다
떠나고 싶을 때 떠나고 머물고 싶을 때 머무는 유령이라
오가는 길을 막지 못한다
고기 길을 물고래 물곰들 맘대로 다니듯
육지와 바다를 오간다 바다거북이 땅과 바다를 오가듯
산을 넘고 들을 건너는 코끼리와 표범들도
우린 지구별 오가는 우주의 청지기 유령이닷
아침 공기 선선하다
공기 물 바람으로 만든 밥 한술
귀신과 나눈다

유령 인간

이젠 너와 나 사이엔
아무것도 없다

당신 좋아하면 나도 좋다
당신 하는 대로 따른다
평생 말없이 산다

색다른 친구 당신을
맞이한다 물이 불을 만나
새로운 것으로 태어나듯
나는 물도 불로 태어난다

얼음보다 단단한
고통 슬픔도 녹여냈다
여름날 서늘한 아침
저녁 공기로 다가온다

요정들 숲속에 산다
전쟁터에 유령들뿐이다

벙어리 개

어느 나라든 자신의 소리를 내거나 항거하면
항거한다고 목을 댕강댕강 그래도 쿵쿵 소리로
소리 내력*을 들어봐라 끝까지 벽을 치대는 그 소리
그 소리를 들으면 아직도 잠을 못 잔다
우리 할머님들 외롭고 힘들어
각기 집마다 개 한 마리씩 키우는데
어느 때인가 용한 집의 개들 짖지 않는다
짖는 것 같지 않고 잡아먹든 팔아버리든
며칠일을 지나면 바로 짖는다고 했는데
트라우마가 심했던지 개가 짖지 못하더라

짖지 않는 선지자 예언자 성직자들
제 목소리를 내지 못한다 제 나라를
도적질 해가는 해적놈들에게나 가거라
도둑질 그만 하라 계속 짖어라
도둑을 잡으라 파수군 불침범 세워놔도 짖지 않는다
끝까지 입을 틀어 막았는디 죽어도 끝까지 짖지 않는다
뇌를 마비해 뇌상이 생겼나 뇌졸중 실어증 왔나
반신 불구가 되어 절뚝절뚝거릴 뿐 반토막 몸땡이
쩔둑판들이요 나무도 한 나무에 빨갱이

파랑이 색칠허나 피복을 벗겨보면 빨간 피
한 색깔인데 왜 한 핏줄 한 형제라 말하지 못하나

보이는 앞에서 말하지 못하게 한다
말하면 들통난다 비밀로 한다
서로 아뢰지 말고 적당히
입틀막이 좋더라 이득만 보는 도둑개
실오라기 하나라도 남의 것 빼앗아
가만히 가서 물고 오더라

*「소리 내력」: 김지하 담시집 오적

이민국가 표시제

누구 누구 어디에서 나온 것인지
생산자와 지리적 표시를 못한다
반국가 세력들 반동세력
체제 반역자 국가 전복자
노예들 낙인찍듯이 이민자
유민이라 반정부주의자 이적 국가
단단히 도장 찍는다

지리적표시제를 하지 않는 국가 것
도둑질하는 행위 못하게 하면서
내 새끼 자식들 멀리멀리
팔아버린다

문둥이 새끼들에게 아빠
문둥이 아니라고 뼛조각도
찾지 말라 유언하다
천형 유령국가

생산자와 지리적 표시
함부로 자기 것 바꾸지 못 한다

하늘 지리표시제
사람 원산지 하늘나라
생산자는 하느님
영혼에 잘못 새겨 놓았다
유령들 원산지 표시 없다

남의 것으로 배부른 국가들
강국 사람들 남의 나라 것 가져가
물건도 자기 것 삼는 세상 사람들
유민들 이민자 탈국민들에게
무슨 지리제 표시 무슨국가 표시

관세 폭격

21세기 세계의 독재자
트럼프 관세법 세계에 위세 자랑 강국 호들갑
최초는 없었다 컴 전산처리 1.0
사람들이 만들어낸 문서들 정경화 정당성
맞다 아니다 이기다 지다 흑백놀이
성공은 자신들에게 실패자들에겐 학살
도발 도살자 미국 헌법 권리장전(10개조)
공허한 말장난 헌법 실행법 보호성 정당성 확보
문명인의 헛된 자랑 희생자는 없다
전쟁이란 돈놀이 군산복합 인간 사냥 이익뿐
2,3,4,5,6. 10 완전한 전쟁 찬양 문서들
기하학적인 숫자 속에 피해자는 통계치에 불과했다
수많은 숫자놀음 생명체도 숫자로 해결하면 끝
끝까지 전쟁만 일삼다 중간 장사치만 이익
미친 인간의 욕망 전쟁광들은 최초란 없다
이익뿐 없는 문건을 수없이 만들어 낸다
몇백 년 동안 이어온 전쟁 문건은 경전화
실재는 전쟁사 전쟁 범죄자들 국가폭력자들
하나도 없고 오로지 승리뿐 승전국뿐
국제법을 어겨 자신들 정당성으로 묘하게 돌려친다

전쟁 저 멀리 불구경하듯 서민들 삶 무관하다
책임 없다 범죄자들 멀리서 구경하는 재미
최초에 사건 언제든 무마 최후문서로 위장
사기범들의 사기극 국제법도 너무 허술하다
태초의 진실 없고 반복적인 피해자들뿐 책임자 없다
인간의 욕망 그저 제 살길에 눈먼 인간
관세전쟁으로 피 흘리는 타국민 안중에도 없다
에너지 환경파괴범들의 농락 세계 관세 전쟁
1%의 권력국가에 99% 서민들 희생뿐
전 세계 국민들 생존권 우주 만물의 생존권 무관하다
자기 나라만 잘살면 된다 오만함이 하늘을 찌른다
땅 따먹기 사람 죽이기 제발 관세전쟁 그만하라

오적* 나라

첫째 놈 금나랏놈 비까번쩍하게 나온다

돈이면 만사형통 금술 퍼마시고 금 창고 만들어 금궤들 쳐박아 놓고 금 마누라까지 AI 금 색시 안겨 온다 금 자식들 줄줄이 새끼 까기 재밋다 금 은행 금 달러판 온 천지 금 잔치다 거리에도 금잔화 노오랗게 만들고 나랏 열린 날 오로지 금칠했다 금이라면 빨갛든 흑하든 모조리 비벼댄다 고초장도 노오랗게 계란도 금쟁반으로 낳게 하고 우유도 금빵으로 바꿔 놓는다 모래알 하나도 금싸라기로 바꿔대 금성을 떠억 쌓아 놓는다 사람들도 금 신상 씨앗도 수의계약 천년만년 금칠하라

나무도 쇠 칠해 금으로 녹여댄다 금칠해 놓으니 백악관도 금나라로다

둘째 놈 은나랏 놈 떨거지 몰고 나온다

최고급 최신 안정된 장치 은행 창고보다 안전하다 은밀하게 숨겨라 고급 공무원 고급 장차관 고위 관직자들 그 안에 살아가게 하노라 여기저기 파리 떼들 몰려들고 하이에나 몰려든다 금칠보다 은색 도장이 더 비친다

뒤뚱뒤뚱 살쪄서 도둑질은 이젠 그만 이젠 가만 앉아 먹을 것 비춰 은색 수저로 밥 먹자 가면 못써 가다 힘들어 죽어 여기 가만히 가판대 깔아놓고 임금판 벌리자

거대한 마트 거대한 기업체 거대한 개발 도시 거대한 사업판

벌려 가만히 먹으라

  가만 그물을 치고 있으면 모두 걸려들게 한다 은만 없으면 무슨 탈이랴 은칩 은칠된 체봇 여자 은색 독한 위스키 은칠한 세상 온통 은빛깔 바다처럼 물결치게 하라

  권력 따라 군인들 한 마디 소리에 모두 따른다 불복종 반역죄는 민중들에게 뒤집어씌워라 뱃대지 두둑하게 흔들어대며 흰 말 타고 날리면 북풍설한도 몰아오고 뜨거운 여름도 시원한 겨울로 바꾼다 온 세상을 폭우 폭풍 몰아쳐 쓸어 버린다 모조리 쏴 죽여라 한마디면 온 천지 어느 누구도 반역할 수 없다 군대 맘대로 부리고 돈쟁이들 다 휘어잡는다 쥐잡듯이 개미 한 마리 쥐새끼같이 검은 사람들 모조리 멸절 멸절시켜라

  셋째 놈 똥폼 잡고 나온다 동이란 놈 나온다

  초록은 동색 유자가 강을 건너니 탱자가 되다

  모든 것은 고급 최고 일류 최강 고급이라면 쫙 뻗어 버린다

  동도 금 빛깔 집안 원조 하나뿐이랴 제각각 짝퉁 천지 하나뿐인 걸 모두 가짜로 만들어라 짝퉁이 판을 치게 하라 모두 하나로 통하되 짝퉁세상 만들라 모두 돈이면 권세면 되느니 삼형제 집안 묶어라 금-은-동 한 집안으로 둥그렇게 동줄로 묶어라

  금은동이란 놈들 모두 동을 업고 나온다 업어라 뒤집어라

새로워야 힘 금덩이 금관나라에 빌붙은 정경유착 군산복합체 모두 동이란 놈 수작이럿다

　가치 없는 옛것들 가치가 없으니 모두 새것으로 바꿔라 동이란 놈 재조 하늘도 땅도 속이니 동그런 눈 검은 속알도 노랗게 바꿔 중화시켜버려라

　넷째 놈 철판 깐 나랏놈들 대거 나온다 자국민을 위하라 다른 나라 죽든 상관마라

　온갖 사기판 프레임에 여자들 약자들 소 돼지 취급하라 똥나라는 모두 똥 취급하더라

　가만가만 식탁에 올려진 것들을 요리해서 동끄럽게 잘 드신다 한번 걸려들면 뼈도 못 추린다 인간 아닌 고기 덩이야 하면서 잘도 씹어댄다 칼은 보이지 않게 하라

　잘도 칼질해가면서 양식 고급스레 차려 먹듯 피째로 쌩으로 잡아먹는다 부드러운 부위 살 잘 발라낸다 사자나 독수리 하이에나 성질 한번 보이면 뼈따귀도 없이 다 발라버린다 사냥한다 똥칠한 관세전쟁 상대국의 약함을 이용하라

　사기 치는 데 온갖 수단 방법 다 동원하라 새로운 프레임 씌워 잡아떼라 윗물은 윗물이다 우리들이 아니면 너희들 못 산다 확실히 심어주라 일류 선진국 최고라 세뇌시켜라

　쇠 없는 나라 반문명국가 무조건 마귀 악마국가요 헌 쇳나

라 가고 새 철나라 오도다

  다섯째 놈 나온다 구리 나랏 놈 나온다

 전기 속 구리판 깔아라 보이지 않는 에너지원인 구리 캐내라 아연도 합연시켜내라 우주 끝까지 광석 속에 구리를 깨내라 넓은 산속 바다 속 우주에 가서 운석을 캐오라 그 가운데 우리가 사노니 실 같은 구리를 뽑아내라 신경을 다 타고 돌아다녀라 피를 바꿔라 숭악한 모든 무리들 보이지 않게 뇌파 속 칩 하나면 된다

  금-은-동-철 구리는 원래 한 통속이었더라 모든 나라를 하나로 연결하되 땅덩이는 갈라쳐라 통일은 절대 반대 작은 나라 연합도 반대 꾸리 꾸리한 놈들 나온다

 하느님께서 지구와 인간을 농락한 신新 오적 나라들 모조리 잡아들이라 명했다 천이백도의 열을 올린 풀무간에 모두 쳐 넣으라 금 은 동 철 구리나라 얼마나 오래가나 보자꾸나 다 녹았대라 숭악한 짐승들 수천 년 동안 묵어온 짐승들 잡아 삼천 지옥 풀무불에 쳐 넣었더니 모두 최후 발악질 치며 천지 분간을 못하고 나오는도다 이렇게 죽느니 모두 같이 죽자며 달라든다 이민자들 여자들 장애인들 탓으로 돌려라 의료계와 정치 경제 사회 문화 종교를 들쳐 업고 모조리 오염시켜

라 국가는 무고죄가 없노라 처벌하지도 못 한다 모두가 죄수 죄수나라로다 자신 나라 죄목을 못 찾게 하니 감옥도 소용없다 동료나라를 재판관으로 세우니 의인재판국으로 의식이 흐리도다 이미 오행이 뒤바뀌 물 불 바람 나무가 쇠와 금을 이기지 못하고 시커먼 것들을 모조리 하얗게 바꿨다 지옥도 천국도 맘대로 만들어라 신 오적 나라판으로 우주를 멸망시킬 판세로다 안 되겠다 싶어 하늘님께서 지구 풀무간 온도를 올려 1천 5백도에서 800도까지 열을 올리니 그 안에 오적들은 흔적 없이 사라졌더라 그래도 의심스러 도공이 불가마 속을 가만히 들여다보니 다 사라지고 흙덩이만 허허허 웃고 앉아 있었다 고 하는 야그가 여태부터 세세만년 회자되었드라.

  그 흙덩이 꺼내 보니 조그만 질그릇 푸른빛을 띠고 당당하게 나오는디

  금-은-동-철-구리 나랏놈 흔적도 없이 사라지고 흙의 나라만 천 년 만 년 영원하더라

* 오적 -김지하 인용

돈 세상

돈돈돈 돌았다
하느님도 사람도
잘도 돌아가신다

공기 중에 수증기에 뿌리 뻗어
작열하는 여름을 살아내는 난초들
도마뱀들 사막 저녁 내내 견뎌낸다

마늘밭 호미들 더운 땅 위
홀딱 홀딱 뛴다

마늘도 콩들도 헉헉댄다
바다 속 산호초야
깊이 돌아들어
잘 버텨내라

거기까지 돈이
미칠란가
모르겠다

바람 나라

천둥 번개 비바람 몰아친다
태풍 끝 솔바람 들앉았다
바람이 꽃이냐
꽃이 바람이냐
영혼이 꽃인가
꽃이 영혼인가

수 만년 바람 일어날 때
수천 개 꽃 부려 껴안고
바람 한들 피어오른다
시베리아 찬바람 끝
남도의 새 나라에
한 개비 가냘픈
소망 피어오르다

우리 남도의 바람
막구름 끝 마파람
비 몰고 온 갈바람
새바람 하늬바람
높새바람 일어나면

바다 일 농사 일 나선다

어이 바람 분다
깃발을 높이 올려라
선선할 때 아침저녁
일떠선다
새벽 댓바람부터 밤바람
불 때까지 일하다 돌아온
농부님 어부님네들
참 바람이로구나

다시 부르는 다시래기

봉사가 개천을 나무라랴
앞 보는 봉사 누굴 탓하랴
눈뜬 봉사들 눈 감은 봉사랑
떠돌아대며 놀아본다

애기를 낳을라면 요렇게 낳았어야 흔당께
사랑을 할라면 요로케 해야 쓴당께
어이 어이 잉 어허 으라짜짯 으-싸 온
드뎌 애기 어이 어이 힘 좋은 아가 나온다

응애 응애 아이가 나온다
나온 애기 들쳐 올렸것다
하늘에서 내렸나 땅에서 솟았나 어허 둥둥
얼굴 용모며 얼골 훤허구나 어허 둥둥

제삿집에서 유세차 뽀옹 뽕 방귀소리냐 아니다
초상집에 애기 울음소리에 모두 다
울다 웃다 잔치 소리냐 그렇다
어어놈 어어놈 이제 가면 언제 오나
응애 응애 얼씨구 아아 우리 아가 나오넹

귀가 있나 살펴보고 귓구녕을 잘 생겼나
눈구녕은 잘 생겼나 제일 먼저 살펴본다
귓구녕 눈구녕 잘 열려 좋은 시상
좋은 말 좋은 행동거지 자알 보고
좋은 소리 많이 듣고 살거라 잉

무망한 시상 하하하하 웃고 살들랑께
아가야 아가야 똥 잘 싸고 밥 잘 묵고
먹고 자고 먹고 자고 잘 크거라 잉

한 며느리 나와 소리헌디 울 아부진 가고
새 아가 나왔넹 갓난아기 높이 들고

신 산도깨비

햇빛 어스름 한낮 중에
깊은 도심 속을 걸어가다
머리에 뿔 달린 헛것 보고
깜짝 놀라 돌아보니

저 산도채비
날 잡아갈까
심장 소리는
꿍떡쿵떡

걸음아 날 살려라
손발 찢어지게
도망쳤네

*9월 4일 미국 조지아주에서 현대차 LG에너지 솔루션 배터리 공장 건설 현장을 급습해 노동자 475명을 체포 구금한 사건을 보면서

끝끝내 만나리

베네룩스 3국을 다녀왔다
중국-대한민국-일본 한 지붕 아래 세 식구
별 헤는 밤 통일 여행을 꿈꿔본다
센겐조약으로 경제무역 국경을 없애듯
우리도 경제교역로로 국경을 트자
철강의 메카 북한과 IT 강국 대한민국
막힌 철로를 따라 전기를 북한으로 보내자
벨기에 네덜란드 룩셈부르크 세계 강국
3국 중화국 만들었다 남북 한 땅 한 가족
중국 대한민국 일본 국경도 트자

5. 1 노동절 국가 기념일
같이 지켜보자
전 세계는 노동자들 세상
메이데이 전 세계가 지킨다
북한과 항꾸네 노동절 지켜보자
남북한 한 백성 모두
얼싸덜싸 항꾸네 일하면서
한 지붕 아래 살아가자

대서양 인도양 태평양
북해 동해 서해
아시아 유럽 아프리카
남아메리카 북아메리카
오세아니아 오대양 육대주

어디든 오가는 세상
유일한 반쪽 나라
우린 너무 오랫동안
떨어져 살았다
죽어도 좋으니 한 가족들
함께 살자꾸나 얼씨구 좋타

천년을 하루처럼 하루가 천년같이
나무 바위되듯 기다림이 백년 돼 간다
헤어진 아들딸들 한 지붕 한 가족 한 핏줄 같이 살자

천년 몇 백년 동안 이어온 얽히고설킨 우리 민족
죽음의 시대에 끝내자 탄생 환희의 세상 온다
허허허허 하늘 향해 웃자 통일 세상 이루자

모두에게 좋은 일 하면 돌아오는 선물
긴 기다림 끝 통일 세상 열리다
끝끝내 반드시 만나리 직녀에게*
한 곡조 신나게 불러본다

*직녀에게 -문병란 시 노랫말

문힘시선 037
꽃밥

발행일 2025년 11월 11일

지은이 김종옥
펴낸이 이순옥

펴낸곳 도서출판 문화의힘
       등록 364-0000117
       주소 대전광역시 동구 대전천북로 30-2(1층)
       전화 042-633-6537
       전송 0505-489-6537

ISBN 979-11-994438-3-9
ⓒ 김종옥 2025
저자와 협의로 인지는 생략합니다.

* 저자와 출판사의 서면 허락 없이 무단 도용하거나 발췌하는 것을 금합니다.
* 잘못된 책은 구입하신 곳에서 교환해 드립니다.

|값 14,000원|